Wenn die Welt ein Garten wär

Wenn die Welt ein Garten wär

Texte zum Nachdenken und Schmunzeln

Gesammelt und aufgeschrieben von

WERNER HANITZSCH

Bibliografische Information der Deutschen Nationalbibliothek:
Die Deutsche Nationalbibliothek verzeichnet diese Publikation
in der Deutschen Nationalbibliografie;
detaillierte bibliografische Daten sind im Internet
über http://dnb.dnb.de abrufbar.

© 2019 Werner Hanitzsch
Grafik: Iconic Bestiary/ Shutterstock.com
Satz, Umschlaggestaltung, Herstellung und Verlag:
BoD – Books on Demand, Norderstedt

ISBN: 978-3-7494-6094-6

Inhalt

Vorwort

Liebe Leserinnen und liebe Leser,

Geschichten zum Nachdenken und zum Schmunzeln, ja, sehr schön, aber manchmal sind sie auch sehr traurig, man ärgert sich oder ist gar verzweifelt. Die vorliegenden Geschichten hat das Leben geschrieben und ich habe sie gesammelt. Oft bin ich gefragt worden, ob das denn heute noch jemand lesen will. Natürlich gibt es da sehr unterschiedliche Ansichten. Die einen finden es interessant und die anderen uninteressant. Aber das ist doch im ganzen Leben so. Was dem einen gefällt, findet der andere langweilig. Da es hier um unterschiedliche Ereignisse und Geschichten geht, können Sie sich das aussuchen, was Sie interessiert.

Bei den Schilderungen aus meiner Zeit als Kleinkind steht die Phantasie im Vordergrund, und das sollte man nicht ganz so ernst nehmen. Denn da gibt es noch keine Erinnerungen. Aber so oder so ähnlich könnte es gewesen sein, wenn man es mit Humor sieht.

Ich wünsche Ihnen eine unterhaltsame Lektüre!

WERNER HANITZSCH

So beginnt das Leben

Als ich geboren wurde (am 7. Februar 1929), war es sehr kalt und mein Vater war nicht zu Hause. Ich wurde nicht gefragt, ob ich bei dieser Kälte aus dem warmen Bauch meiner Mutter rauswill. Irgendjemand oder irgendetwas hat mich einfach ins Freie gezogen und geschoben. Als ich endlich draußen war, hat mir jemand zu allem Überfluss auf den Hintern geschlagen. Darüber habe ich mich so geärgert, dass ich vor lauter Wut gleich laut gebrüllt habe. Scheinbar hat das gewirkt, denn man ließ mich dann in Ruhe. Zum Glück hat mich jemand abgetrocknet, warm eingepackt und in ein Bettchen gelegt. Da ich ohnehin etwas geschafft war, habe ich tief und fest geschlafen. Es war auszuhalten.

Nachdem ich das erste Mal ausgeschlafen hatte, habe ich mich vorsichtig in meinem Zuhause umgesehen. Ich habe zwar noch nicht allzu viel erkannt, aber eines fiel mir doch auf: Meine Mutter muss eine geborene Reichsbahn gewesen sein, denn ich sah einige Handtücher mit diesem Namen.

Am Anfang war alles ganz schön anstrengend. Entweder hat man mich aus dem Schlaf gerissen, um mir die große Brust meiner Mutter in den Mund zu stecken, oder ich hatte Hunger und hab nichts bekommen. In diesem Fall hab ich mich lautstark zu Wort gemeldet, und manchmal hat das auch funktioniert. Über den Toilettengang hab ich überhaupt nicht nachgedacht, es war mir echt gleichgültig.

Die Zeit verging mit Trinken und Schlafen, bis mir das zu langweilig wurde. Ich dachte so: Es wird Zeit, dass was geschieht. Ich brauchte Action! Alles begann damit, dass ich das Essen, das mir nicht schmeckte, meiner Mutter ins Gesicht oder in die Stube blies. Da geschah etwas, da war sofort Betrieb. Jemand holte einen Lappen und Wasser, alles wurde geschäftig. Am Anfang hat man mich gefragt: Nanu, schmeckt dir das nicht? Ich antwortete konsequent: Ladl, ladl, ladl. Und alles war wieder gut. Aber nach einiger Zeit reichten mir diese Einlagen nicht mehr. Alles, was ich erfassen konnte, warf ich durch den Raum und versuchte immer den Kopf meiner Mutter zu treffen, was mir allerdings nicht gelang.

Nachdem es mir gelungen war, auf den Beinen zu stehen und ein paar Schritte zu laufen, worüber sich alle sehr freuten, hatte ich Spaß daran, die Tischdecke mit allem, was darauf stand, runterzuziehen. Es war ein höllischer Spektakel und man hat dann immer sehr laut mit mir gesprochen.

Dieses spaßige, bequeme Leben zog sich hin, bis mich meine Mutter morgens in ein Haus gebracht hat, wo noch mehr solch kleine Menschen waren wie ich. Die anderen habe ich vorsichtig beäugt, bis ich festgestellt hatte, wer in Ordnung und wer blöd war. Am Abend hat mich meine Mutter wieder abgeholt und ich musste mich zu Hause erst mal erholen.

Das ging so, bis man mir eines Tages sagte: So, du bist jetzt sechs Jahre alt, ab nächste Woche gehst du in die Schule!

Damit war meine schönste Zeit zu Ende und der Ernst des Lebens nahm seinen Anfang. Ich durfte nun weder Essen in die Stube spucken noch Gegenstände umherwerfen. Es ist nicht leicht, ein Mensch zu werden!!

So geht es weiter

„Also lautet ein Beschluss, dass der Mensch was lernen muss!" So beginnt der vierte Streich von „Max und Moritz" von Wilhelm Busch. Ein Beschluss, der wohl sehr nützlich sein mag, aber sehr unbequem ist. Am Anfang, ja, da ist alles wunderbar. Man versteht noch nicht so richtig, was eigentlich abläuft, und betrachtet alles als eine Art Abenteuer, und ich bin da fürchterlich reingetappt.

Meine Schwester Ursula ist drei Jahre älter als ich und wurde deshalb logischerweise drei Jahre früher eingeschult. Das passte mir überhaupt nicht! Ich dachte: Wieso kann die Große in die Schule gehen und ich nicht? Das betrachtete ich als Unrecht und versuchte diese Tatsache meiner Mutter lautstark klarzumachen. Am dritten Tag war meine Mutter total entnervt und hat mich am vierten Tag gemeinsam mit meiner Schwester zur Schule gebracht. Sie erzählte der erstaunten Lehrerin, ich hätte solche Sehnsucht nach meiner Schwester, während sie in der Schule sei (da konnte ich mich eines Grinsens nicht erwehren), und dass ich darauf bestehen würde, mit am Unterricht teilzunehmen. Die Lehrerin, eine sehr liebe ältere Frau, nach meinem damaligen Empfinden etwa hundert Jahre alt, war sehr verständnisvoll und sagte: „Ja, ja, das kenne ich. Setzen Sie ihn dort hinten in eine Bank (damals gab es keine Stühle, sondern Bänke, die mit einem pultartigen Tisch fest verbunden waren) und geben Sie ihm ein Blatt Papier und einen Bleistift." Ich wurde noch darauf hingewiesen, ruhig zu sein und den Unterricht nicht zu stören, dann war Mutter weg und ich allein. Das war mir dann aber doch zu dumm. Ich stand auf, lief zu meiner Schwester und setzte mich neben sie auf die Bank, was sie überhaupt nicht lustig fand. Sie schaute ängstlich zur Lehrerin. Die Lehrerin kam zu mir, sah mich mit ihren lieben Augen freundlich an und sagte: „Komm, Werner, geh wieder auf deinen Platz und mal etwas, sonst störst du den Unterricht." Ich tat zwar, wie mir geheißen, verstand aber nicht, warum. Ich war still, hatte nicht gespuckt und meine Schwester nicht gekratzt, also was sollte das alles? Warum verbietet mir diese dumme Kuh, dass ich mich neben meine Schwester setze?

Das war das allererste Mal in meinem Leben, dass ich mit dem Begriff „Disziplin" in Kontakt kam, und hatte es überhaupt nicht begriffen. Nach dem zweiten Tag hatte ich keine Lust mehr, mit meiner Schwester in die Schule zu gehen, und habe sie klaglos ziehen lassen. Im Gegenteil, ich merkte plötzlich, wie angenehm ruhig es ohne sie zu Hause war.

Nach drei Jahren war es dann auch bei mir so weit und ich wurde eingeschult. Natürlich in die gleiche Schule, nur eben drei Klassen tiefer. Das Problem dabei war, wir beide hatten den gleichen Klassenlehrer. Die gute alte Frau Rahn war in der Zwischenzeit leider pensioniert worden und unser Klassenlehrer war ein ehemaliger Offizier aus dem Ersten Weltkrieg mit einem Holzbein. Es war grauslig!! Das erste Schuljahr ging ja noch, aber dann machte mir dieser Lehrer das Leben zur Hölle. Bei dem kleinsten Vergehen, also zum Beispiel Schwatzen oder während des Unterrichts vom Platz aus zum Fenster rausschauen, hieß es: „Hanitzsch, vorkommen!" (Damals wurde jedes Kind nur mit dem Familiennamen angesprochen.) Und dann lief immer die gleiche Prozedur ab. Der Lehrer nahm mein linkes Ohr zwischen Zeige- und Mittelfinger seiner rechten Hand und drehte das Ohr gegen den Uhrzeigersinn. Das schmerzte höllisch und ich beugte unwillkürlich meinen Oberkörper nach vorn. Wenn ich dann einen bestimmten Neigungswinkel erreicht hatte, ließ der Lehrer das Ohr los und schlug im gleichen Moment mit den Knöcheln der rechten Faust von unten nach oben über den Hinterkopf, dass mir Hören und Sehen verging.

Anschließend hieß es: „Hanitzsch, dableiben!" Das hieß Nachsitzen. Das lief dann jedes Mal wie folgt ab:

Wenn meine Unterrichtszeit zu Ende war und alle anderen nach Hause gehen durften, musste ich in der Klasse meiner Schwester, wo er den Unterricht durchführte, allein in einer vorderen Bank sitzen und arbeiten. Oft plagte ihn dann wohl doch das Gewissen und er sagte: „Hanitzsch, du kannst gehen." Da packte ich schnell meine Sachen zusammen und ging zur Tür. Beim Hinausgehen drehte ich mich noch einmal um und winkte in die Klasse, denn die kannten mich ja alle. Daraufhin erklang schallendes Gelächter und ich hörte die Stimme meines Lieblingslehrers: „Hanitzsch, reinkommen und wieder hinsetzen! Wegen Stören des Unterrichts Verlängerung des Nachsitzens!" Also der Mann war ein echter Sympathieträger und ich hatte ihn in mein Herz geschlossen.

Wie es das Schicksal eben manchmal so will, erfuhr ich dann doch eine zwar ziemlich späte, aber trotzdem eine Genugtuung in fortgeschrittenem Alter.

Wir waren schon längst erwachsen und er längst in Pension. Er hatte keine Familie und lebte allein, was schon bezeichnend für ihn war. Als er nicht mehr in der Lage war, seinen Haushalt allein zu führen, und nicht mehr allein zurechtkam, erklärte sich eine ehemalige Mitschülerin meiner Schwester, inzwischen selbst Mutter von zwei Kindern, bereit, ihn bei sich zu Hause aufzunehmen und zu versorgen. Dort habe ich ihn besucht und er hat sich mit Tränen im Gesicht bei mir entschuldigt. Er hatte eingesehen, dass er mich ungerecht behandelt hat. Ich habe ihm verziehen und wir haben unseren Frieden miteinander geschlossen. Er hat seinen inneren Frieden gefunden und ist versöhnt von dieser Welt gegangen. Gott hab ihn selig!

Da fällt mir ein alter Spruch ein: Beleidige nie einen deiner Untergebenen, denn er könnte eines Tages dein Chef sein!! Passt zwar nicht ganz hierher, aber es bilden sich gedankliche Assoziationen.

Mit Vollendung des zehnten Lebensjahres wurden wir automatisch in das „Jungvolk", eine Kinderorganisation der Nazis, aufgenommen und eingegliedert. Die Mitgliedschaft war absolute Pflicht! Eine Ablehnung wurde als politischer Widerstand angesehen und die Eltern wurden hart bestraft. Das ging so weit, dass Eltern sogar in ein KZ eingeliefert wurden. Im Jungvolk erhielten wir unsere erste Uniform, die zu jedem Dienst getragen werden musste. Es gab eine Sommeruniform und eine Winteruniform. Hier gab es auch schon die ersten Dienstgrade.

Die kleinste Einheit war die Jungschaft mit bis zu maximal zehn Jungvolkjungen. Der Jungschaftsführer trug eine rot-weiße, gedrehte Führerschnur auf dem Braunhemd zwischen rechter Brusttasche und dem dritten Hemdenknopf. Diese Führerschnur hatte einen Durchmesser von etwa fünf Millimetern.

Die nächste Einheit war die „Schar" mit bis zu maximal vierzig Jungvolkjungen. Der Scharführer trug eine grün-weiße Führerschnur von der rechten Schulterklappe zum dritten Hemdenknopf mit einem Durchmesser von circa einem Zentimeter.

Die nächste Einheit war das Fähnlein mit bis zu hundert Jungvolkjungen. Der Fähnleinführer trug die Führerschnur wie der Scharführer, aber in den Farben Grün-Weiß-Rot, und war schon eine beachtliche Respektsperson.

Mit Vollendung des vierzehnten Lebensjahres kamen wir automatisch zur HJ (Hitlerjugend). Man konnte wählen zwischen Motor-, Reiter-, Marine- und Flieger-HJ. Mit der Übernahme in die HJ begann die vormilitärische Ausbildung, die für jeden absolute Pflicht war.

Also die Schulzeit hatten wir abgehakt und die Schule mit vierzehn Jahren erfolgreich verlassen. Ich hatte mich für die Reiter-HJ entschieden.

Inzwischen war Krieg geworden. Krieg? Was war

das? Für uns Jugendliche ein mit „Abenteuer" verbundenes Wort und nicht mehr! Leider hat uns niemand berichtet oder erzählt, was „Krieg" wirklich bedeutet und was für Leid und Schmerz dahintersteht. Unglücklicherweise steckt in jedem Jungen eine gehörige Portion Abenteuerlust und es ist deshalb auch leicht, sie für Krieg zu begeistern. Das haben die Nazis ausgenutzt und uns ab unserem vierzehnten Lebensjahr dreimal im Jahr für vier Wochen in ein sogenanntes „Wehrertüchtigungslager" geschickt. Da kam eine Einberufung wie zum Militär, und das war ein Befehl! Dem musste Folge geleistet werden! Weigerung wurde mit Gefängnis oder Straflager bestraft. In diesen vier Wochen „Wehrertüchtigung" wurden wir gedrillt, aber hallo. Es ging nicht nur darum, dass wir Kriegstechnik und die Bedienung der Waffen kennen lernten, sondern in allererster Linie darum, unseren Willen zu brechen!! Es wurde uns klargemacht, dass wir keine Menschen, sondern Arschlöcher sind, die froh sein müssen, wenn sie für den Führer sterben dürfen!! Das alles hatte mit Disziplin nichts mehr zu tun. Also ein Tag im Lager lief etwa so ab:

Wecken um 6.30 Uhr mit einem schrillen Pfiff und dem Schrei: Raustreten zum Morgensport!!

Nach 15 Minuten Dauerlauf bei jedem Wetter kam der Befehl: „In fünf Minuten antreten im Dienstanzug II (Sommeruniform) mit Marschausrüstung!"

Nach der Kontrolle der ordnungsgemäßen Kleidung und Ausrüstung wurden wir angeschrien: „Ihr Arschlöcher, es ist kalt draußen! (Es waren +26 Grad Celsius.) In fünf

Minuten will ich euch Idioten hier im Dienstanzug III (Winteruniform) mit Marschausrüstung wiedersehen." Jeder stürzte in sein Zimmer an den Spind. Die Winteruniform rausgeholt, umgezogen und die Sommeruniform in den Spind. Da ist an ordnungsgemäßes Einräumen mit exakten Abschlusskanten nicht zu denken und im Spind war eine entsprechende Unordnung. Wer dann nach fünf Minuten nicht wie befohlen angetreten war, wurde sofort bestraft. Diese Strafe bestand meist aus Liegestützen oder einen gefüllten Eimer an einem ausgestreckten Arm halten oder Ähnliches.

Wenn dann alle angetreten waren, kam der Befehl: „Geschlossener Abmarsch in die Unterkünfte, dort aufstellen zur Spindkontrolle!"

Na Mahlzeit!

Der befehlshabende Führer ging durch die Stuben und trat an jeden Spind heran. Mit einem Arm griff er in die nicht sorgfältig eingeräumten Fächer und zog mit der Hand den Stapel Sachen nach vorn, dass alles auf den Fußboden fiel. Am Ende lag in der Stube ein Berg Wäsche und Kleidung völlig durcheinander. Dann kam der Befehl: „Kleidung ordnen und sortieren, und dann einräumen, wie es sich für einen Hitlerjungen gehört!!"

Wenn ich heute manchmal Leute mit rechter Gesinnung (Neonazis) sehe oder höre, denke ich immer: Wenn die wüssten, wie es ihnen gehen würde, wenn die Nazis noch das Sagen hätten, dann würden sie bestimmt nicht dafür krakeelen und lauthals Lieder grölen wie: „Es zittern die morschen Knochen der Welt vor dem großen Krieg."

Mein gesamtes weiteres Leben verlief nicht nur sehr abenteuerlich, sondern auch sehr gefahrvoll und entbehrungsreich. Sie können es lesen in meinem Buch „Das Inferno von Dresden und die Sonne Ägyptens" (Verlag BoD).

Wie die Stasi[1]
unseren Alltag in der DDR
verschönerte

Es gibt wohl nicht einen einzigen Menschen in der ehemaligen DDR, der nicht von der Stasi in irgendeiner Form beschattet und durchleuchtet wurde. Das begann mit dem sogenannten „Hausbuch", in dem sich jeder Mieter und dessen Besucher eintragen musste, und ging bis zur Kontrolle der gesamten Korrespondenz mit den Verwandten in Westdeutschland (BRD). Grenzüberschreitungen natürlich in vollem Umfang, ganz gleich wohin.

Ich selbst war für die Stasi ein äußerst verdächtiges Subjekt. Erstens war ich selbständig, hatte einen eigenen Betrieb, und deshalb gehörte ich nicht der Arbeiterklasse an. Ich war also ein Mitglied der kapitalistischen Gesellschaft und damit ein Außenseiter.

Zweitens hatte ich Verbindungen zum kapitalistischen Ausland, da meine Eltern in Eutin OH wohnten, und drittens hatte ich als selbständiger Handwerker Aufträge im NSW (Nichtsozialistisches Wirtschaftsgebiet), weswegen ich sehr oft nach Ägypten reisen musste, und das war diesen Leuten mehr als suspekt. Damit stand ich automatisch im Verdacht, Verbindung zu einem amerikanischen Geheimdienst zu haben. Es war also kein noch so kleiner Anfangsverdacht erforderlich, sondern

---

1   *Ministerium für Staatssicherheit*

es genügte die theoretische Möglichkeit dazu, um aus mir einen verdächtigen Spion zu machen, der sich selbst außerhalb unserer Gesellschaft gestellt hatte.

Diese Umstände genügten dem Ministerium für Staatssicherheit (genannt Stasi), um am 20. Januar 1982 einen „Operativen Vorgang" (Kürzel OV) mit dem Decknamen „Krokodil" (wie sinnig!) zu erstellen.

An dieser Stelle fällt mir ein uralter Witz ein, den ich Ihnen unbedingt erzählen muss, da er so viele Ähnlichkeiten mit diesen und ähnlichen Vorgängen in der DDR hat.

Ein Mann steigt nach einer Nachtfahrt aus dem Zug aus und wird sofort verhaftet. Der Beamte eröffnet ihm: „Ich verhafte Sie wegen Vergewaltigung einer Frau in Ihrem Abteil." Der Mann sagt: „Wieso? Ich habe mich dieser Frau überhaupt nicht genähert." Der Beamte: „Ja, aber gegen Sie liegt der begründete Verdacht vor, da Sie das entsprechende Werkzeug mit sich führen."

So etwas kann nur einem Hirn in der sogenannten DDR entspringen, weil sich sonst derartige Gedanken gar nicht entwickeln.

Die gesamte Akte der „Operativen Bearbeitung" durch den OV (Operativer Vorgang) meiner Person liegt mir vor.

Zunächst ein paar Erläuterungen zu den Stasi-Begriffen:

Ein **„Operativer Vorgang"** war ein Aktenvorgang, der angelegt wurde und von beliebig vielen Personen unter einem Leiter bearbeitet wurde. Er diente dazu, durch systematische „Operative Bearbeitung" verdächtige Personen möglichst umfassend kontrollieren, überwachen und beeinflussen zu können. Ich wurde also „operativ bearbeitet".

Nach den Richtlinien des Ministers für Staatssicherheit waren OV anzulegen, wenn nach Meinung der Stasi der begründete Verdacht der Begehung von Straftaten vorlag. Also „Verbrechen gegen die Deutsche Demokratische Republik", wie „staatsfeindliche Hetze", „verfassungsfeindlicher Zusammenschluss" und andere Straftaten mit einem hohen Grad an „Gesellschaftsgefährlichkeit". In dieses Vokabular konnte man eigentlich alles und jedes einbringen. Das war auch der Grund, weshalb fast jeder Bürger der DDR verdächtig war. Selbst die Mitarbeiter des Ministeriums für Staatssicherheit waren dagegen nicht gefeit.

Im Rahmen dieser Festlegungen dienten OV auch dazu, Handlungen von Oppositionellen der DDR zu kriminalisieren, indem ein Straftatverdacht konstruiert wurde.

Sehen Sie die Ähnlichkeit zu vorstehendem Witz? Irre!!

War der OV einmal angelegt, wurde eine Maschinerie in Gang gesetzt, die erschreckend war. IM wurden für den speziellen Einsatz gegen diese Person angeworben und verpflichtet. Ein „IM" ist ein „Informeller Mitarbeiter" der Stasi, der aus dem gesamten Bekanntenkreis der zu überwachenden Person rekrutiert wurde. Dieser wird zu einer konspirativen Tätigkeit gegen die zu überwachende Person verpflichtet und jede Verletzung der Konspirativität unter Strafe gestellt.

Interessant dabei ist, dass eine Ablehnung der Anwerbung zwar nicht leicht, aber im Prinzip möglich war. Allerdings musste man die Angst überwinden und das Anliegen der Stasi eindeutig ablehnen. In meinen vorliegenden Stasi-Akten sind einige Beispiele enthalten.

Insgesamt wurden sechs Personen als IM für meinen Fall angeworben und auf mich angesetzt. Inzwischen sind mir diese Personen auch bekannt. Aber ich kann sie alle beruhigen. Ich werde weder einen dieser Namen preisgeben und auch absolut nichts gegen sie unternehmen. Ja, ich bin ihnen nicht einmal böse, weil ich weiß, wie die Anwerbungen erfolgten, und so mancher hat aus purer Angst zugestimmt. Mit welchen Mitteln dabei die Stasi mitunter gearbeitet hat, können Sie zum Beispiel auch in meinem Buch „Geier über der Wüste Ägyptens" lesen (Verlag BoD).

Allerdings den „Machern" dieser Stasi-Aktionen werde ich nie verzeihen. Diese Leute haben uns das Leben zur Hölle gemacht. Leider wurde keiner von ihnen nach der Wende zur Rechenschaft gezogen. Alle haben ganz normal weiterleben können und dann eine ausreichende Rente von dem Staat bezogen, den sie vorher bekämpft hatten. Aber ich bin mir sicher, keiner wird seiner gerechten Strafe durch die göttliche Vorsehung entgehen. Jeder, der mein Buch „Wo ist Gott?" gelesen hat, wird mir recht geben.

Das Ministerium für Staatssicherheit der DDR hatte die mittelalterliche Rechtsprechung (Inquisition) wieder eingeführt!! Ich danke meinem Gott, dass es diese sogenannte „DDR" nicht mehr gibt.

In der Arbeit des OV gab es bestimmte Kürzel, die ich noch erklären muss.

Maßnahme **A**:
Abhören des Telefonverkehrs des Verdächtigen.

Maßnahme **B**:
Abhören mittels Mikrofon in der Wohnung des Verdächtigen.

Maßnahme **M**:
Post- und Paketkontrolle.

Diese Kürzel werden bei den Dienstanweisungen verwendet.

Also, wie bereits erwähnt, wurde am 15.01.1982 von einer Gruppe hochrangiger Stasi-Offiziere der Operative Vorgang mit dem Decknamen „Krokodil" zur konspirativen Bearbeitung des Verdächtigen „Werner Hanitzsch" gegründet. Der Beschluss trägt das Aktenzeichen **XII 30/82**. Als Arbeitsbeginn des OV wurde der 20.01.1982 festgelegt.

Die Akten der „Bearbeitung" liegen mir vor, es sind etwa 500 Blatt DIN A4. Alle Einzelheiten und Details dieser Akten hier wiederzugeben ist natürlich nicht möglich, aber ich möchte Ihnen einen Eindruck von dem System der Behandlung der Bürger in der DDR vermitteln.

Es müssen mehrere Beobachter im Einsatz gewesen sein, denn es liegen mir Berichte über die minutiöse Beobachtung meiner Person vor. Wann und mit wem ich das Haus verlassen habe, mit wem ich in welchem Auto wohin gefahren bin. In welche Geschäfte ich gegangen bin, wie lange und mit wem ich dort gesprochen habe und wann ich wieder zu Hause war. In einigen Fällen wurde sogar wiedergegeben, was in den Geschäften gesprochen wurde. Es ist unmöglich, dass diese Überwachungstätigkeit nur von einer Person durchgeführt wurde. Wenn man sich diesen Aufwand vorstellt, der für die Überwachung von nur einer Person durchgeführt wurde, kann man erahnen, was die sogenannte DDR für Geld und Arbeitskräfte dafür gebunden hat. Teilweise liegen diesen Berichten auch Fotos bei, wo ich mit meiner Ehefrau auf der Straße laufe. Ich habe keine Vorstellung, warum diese Fotos gemacht wurden, ein nutzloser und irrsinniger Aufwand.

Eine Akte allerdings werde ich Ihnen hier abschriftlich vorstellen, weil gerade diese Akte die ganze Ungeheuerlichkeit einer solchen „operativen Bearbeitung" einer völlig normalen Person aus dem Alltag zeigt.

Aktenblatt 221 vom 20.05.1983 **(Originaltext)**

**Vorschlag zur Realisierung der Maßnahme „B"
zum OV „Krokodil"**

(Noch mal zur Erinnerung: Maßnahme „B" bedeutet: Abhören mittels Mikrofon in der Wohnung des Verdächtigen. Krokodil ist der Deckname des „Operativen Vorganges" zur „Bearbeitung" der Person H. = Hanitzsch.)

Weiter im Originaltext:
Da die bearbeitete Person H. beabsichtigt, zum 80. Geburtstag seiner Mutter (09.07.) einen Antrag für eine Reise in dringenden Familienangelegenheiten in die BRD zu beantragen, ist die Maßnahme „B" bis Ende

Juni im Objekt 8027 Dresden, Hohendölzschener Str. 6 zu realisieren.

Folgende Aufgaben sind dafür zu lösen bzw. Fragen zu klären:

1. Bearbeitete Person H.:
   - Bei der KO Treptow ist zu prüfen, ob und für wann der H. nach Berlin zum VEB MLW zur Abholung von Ersatzteilen bestellt werden kann.
     Maßnahme: FS an BV Berlin
     Termin: sofort
   - Beim Rat des Stadtbezirks West ist festzustellen, für wann der H. Urlaub beantragt hat.
     Maßnahme: Rücksprache mit Gen. ...
     Termin: 31.05.83

2. Ehefrau des H.:
   - Die Ehefrau des H. ist Hausfrau und mithelfende Ehefrau im Geschäft.
     Da es keine Hinweise gibt, dass sie regelmäßig das Haus längere Zeit verlässt, muss sie zu einer Stelle bestellt werden. Folgende Möglichkeiten sind zu prüfen:
   - Bestellung zu Inneres, um Rückfragen betreffs der Übersiedlung ihres Bruders (1981 !) zu klären.
   - Bindung in der Schule, wo die Tochter die 3. Klasse besucht.
   - Prüfen über die KD Treptow, inwieweit die Ehefrau mit nach Berlin bestellt werden kann.
     Termin: 05.06.83

3. Tochter Gilde, Heike:
   - Die Heike wohnt mit ihrem Sohn (geb. 09.11.81) bei den Eltern. Sie ist Studentin an der Med. Akademie Dresden.

   Maßnahmen:
   - Beschaffung des Stundenplanes der G. über die Abt. XX
     T.: 30.05.83
   - Einleitung der Befragung der G. über die Med. Akademie zur Unterbringung ihres Kindes.
     T.: 05.06.83
   - Klären über die BV K.-M.-Stadt, Abt. VII, Gen. ...,
     ob die Möglichkeit besteht, dass der geschiedene Ehemann das Kind hin und wieder betreuen kann.
     T.: 05.06.83

4. Tochter Arit:
   - Sie ist Schülerin der 81. POS.

   Maßnahmen:
   - Beschaffung des Stundenplans und Vorbereitung der Sicherung der Arit durch die Schule
     T.: 30.05.83

5. Sohn Helge:
   - Der Sohn ist z.Zt. bei der NVA (Unteroffz. im Panzerregiment 11, Sondershausen). Mit dem zuständigen MA der HA I ist zu klären, dass er an dem noch festzulegenden Termin gebunden wird.

Maßnahmen:
- Anruf bei HA I, Gen. ..., und Vorbereitung der Bindung des H.
  T.: 30.05.83

6. Schwester der bearbeiteten Person und ihre Familie.
- Die Schwester des H. bewohnt mit ihrem Ehemann und zwei Kindern die Erdgeschosswohnung im Haus Nr. 6 (Familie Kühne).
- Die Familie Kühne ist Antragsteller auf Übersiedlung nach der BRD.

6.1 Kühne, Elke:
- Die K. ist im Betrieb des Kombinats Fortschritt (ehemals VEB Schaltmontage Dresden) in der Lohnbuchhaltung tätig.
- Verantwortlicher Mitarbeiter: Gen. ... KD Dr.-Stadt

Maßnahmen:
- Feststellung der Arbeitszeit und der Möglichkeiten der Bindung.
  T.: 01.06.83

6.2 Kühne, Peter:
- Der K. ist als Kranschlosser im WBK Dresden tätig.

Maßnahmen:
- Feststellung der Arbeitszeit und der Möglichkeiten zur Bindung über Gen. ... KD Stadt.
  T.: 01.06.83

6.3 Kühne, Thomas:
- Der K. ist Schüler der EOS (Erweiterte Oberschule) „Martin Andersen Nexö".

Maßnahmen:
- Feststellung des Stundenplans über Gen. ..., KD Stadt.
  T.: 05.06.83

6.4 Kühne, Andree:
- Der K. ist Schüler der 7. Klasse der 81. POS.

Maßnahmen:
- Feststellung des Stundenplans.
  T.: 30.05.83
  V.: Gen. ...

7. Nachbarhaus Hohendölzschener Str. 8
- Das Haus wird von der Familie Pätz bewohnt.

7.1 bis 7.4 wurde unkenntlich gemacht.

8. Bindung der vier Monteure der Firma H.
- Mit der Abt. VIII ist eine Beobachtung vorzubereiten und die Monteure durch Beobachtungskräfte unter Kontrolle zu halten.
- Rücksprache mit Abt. VIII
- T.: 05.06.83

9. Beschaffung des Wohnungsschlüssels.
- Mit dem Leiter der Abt. VIII ist zu klären, dass durch geeignete Kräfte die Bedingungen für den Schließvorgang festgestellt und der Schlosstyp ermittelt wird.
Termin für Einleitung: 24.05.83
- Mit der KD Stadt, Gen. …, ist zu klären, wie über die Schwester des H. im Betrieb Schlüsselabdruck beschafft werden kann.
T.: 30.05.83

Unterschriften

F. d. R. d. A. Werner Hanitzsch

Warum veröffentliche ich hier dieses Dokument? Weil gerade dieses Dokument mit erschreckender Deutlichkeit zeigt, wie mit ganz normalen Bürgern der DDR in ihrem eigenen Land umgegangen wurde und welcher Aufwand dafür betrieben wurde. Ich bin jeden Tag normal meiner Arbeit nachgegangen und hatte absolut keine Ahnung, was hinter meinem Rücken geschieht und wie ich beobachtet wurde. Über diese Methoden der Behandlung der DDR-Bürger ist viel zu wenig geschrieben oder gesprochen worden. Dabei ist mein Fall mit einer der harmlosesten.

Aus den vielen Berichten und Protokollen meiner Stasi-Unterlagen geht noch ein Ereignis hervor, das ich hier wiedergeben möchte.

Es gab eine Besuchsregelung für DDR-Bürger, die Angehörige, die in der BRD lebten, bei bestimmten

Anlässen, wie Geburtstage ab 75, Hochzeiten, Sterbefälle und Ähnliches, besuchen wollten. Meine Eltern lebten in Eutin OH, und ich hatte das Glück, zu den genannten Geburtstagen mit der Bahn in die BRD reisen zu dürfen. Die Kontrollen auf dem Grenzbahnhof waren ohnehin immer entsetzlich belastend, aber ich wurde immer besonders hart kontrolliert, worüber ich mich wunderte und aufregte. Alle Mitreisenden mussten das Abteil verlassen und ich musste auf der Sitzbank meinen Koffer restlos ausräumen. Jedes Kleidungsstück wurde geöffnet und ausgeschüttelt, jeder Gegenstand wurde eingehend überprüft, selbst der Beutel mit schmutziger Wäsche wurde entleert und in jedes Wäschestück geschaut, ob da nicht vielleicht irgendetwas versteckt sei. Wenn alles auf der Bank ausgebreitet war, durfte ich wieder einpacken. Nach einer solchen Kontrolle war ich jedes Mal total erschöpft und mit den Nerven am Ende.

Jetzt konnte ich in meiner Stasi-Akte lesen, dass die Beamten des Zolls von der Stasi den Befehl hatten, mich mit der Art der Kontrolle zu provozieren. Sie wollten erreichen, dass ich die Nerven verliere und irgendetwas gegen die DDR sage, damit sie einen Grund haben, mich einzusperren. Diese Anordnung ist in meinen Unterlagen des „OV" klar formuliert.

In so einem Staat fühlt man sich so richtig geborgen.

Aber nun zurück zu dem OV „Krokodil".

Ich erinnere noch mal an das Datum der Einrichtung des OV, den 20. Januar 1982. Dieses Datum ist deshalb so interessant, weil ich ja bereits 1971 aus Ägypten zurückgekommen bin und nie wieder ausreisen durfte. Ich bin 1972 enteignet worden und habe am 01.01.1975 im Auftrag des Rates des Bezirkes Dresden meinen zweiten Betrieb **„Steriservice Dresden, Werner Hanitzsch"** gegründet.

Also etwa elf Jahre nach dem Ende meiner Tätigkeit in Ägypten war ich verdächtig, Kontakte mit einem US-Geheimdienst zu haben. Schon daran erkennt man, wie unlogisch und hirnrissig die Gedanken dieser Leute waren.

Es gäbe noch viel darüber zu berichten, aber diese Schilderung soll genügen, um Ihnen eine Vorstellung über das Leben in der sogenannten DDR zu geben.

Gedichte

VON WERNER HANITZSCH

Der Mensch und die Welt

Ein Mensch kommt auf diese schöne Welt,
er weiß noch nicht, worum es geht,
wird in das Leben einfach reingestellt,
noch muss er jedoch liegen, bevor er steht.

Viel später dann, da stellt er fest,
es gibt Schlechtes und auch Gutes,
deshalb entschließt er sich zum Test
und merkt, so mancher tut es.

Die Liebe ist es, die ihn fasziniert,
denn damit kommt man durch die Welt,
auch wenn man sich so manches Mal geniert,
die Liebe, sie ist wichtiger als Geld.

Der Mensch erfährt so manches Ungemach
in seines Lebens Lauf.
Doch so peu à peu und nach und nach,
da achtet er nicht mehr so drauf.

Am Ende angekommen,
steht er an der Himmelspforte,
er wird befragt und aufgenommen,
die Liebe brachte ihn zu diesem Orte!

Frieden auf der Welt

Wenn die Welt ein Garten wär,
mit Rosenduft und süßen Früchten,
es gäb nur Liebe und den Hass nicht mehr,
Mensch und Tiere müssten nirgends flüchten.

Dann wär die Welt so, wie sie von Gott gewollt,
alle Menschen würden sich verstehn.
Die Waffen hätten endlich ausgegrollt,
und die Soldaten könnten auch nach Hause gehn.

Zurzeit ist dies nur pure Illusion,
doch eines Tages wird es so weit sein,
alle Länder dieser Erde gehen in Fusion,
wir sagen **unser** und nicht **mein**!

Dann ist der Frieden nicht mehr nur ein Traum,
denn vieles können wir erreichen, klein bei klein,
wenn wir nur **wollen** und auf Gott vertraun,
dann wird auch eines Tages Frieden sein.

Die großen Herrscher brauchen wir nicht mehr,
wir wollen uns nun endlich selbst verwalten,
dann können wir zu unsrer und zu Gottes Ehr,
das Zusammenleben auf der Welt gestalten.

Das Leben

Das Leben ist wie ein Edelstein,
der wurde uns von Gott geschenkt.
Er mag am Anfang zwar noch ungeschliffen sein,
doch später wird sein Licht im Schliff gelenkt.

Den Schliff lassen uns noch andre angedeihn,
Eltern, Freunde und Verwandte.
Die Möglichkeiten: grob, exzellent oder fein,
haben sie in der Hand, Eltern, Onkel oder Tante.

Die Fassung ist es, die den Schliff zur Geltung bringt,
ob Gold, Silber oder Messing ist nicht die Frage.
Auch ist nicht wichtig, ob sie in der Sonne blinkt,
die Gestaltung ist es, und die wird oft zur Plage.

Mit Gottes Hilfe gestaltet man sein Leben,
natürlich muss man selbst ein bisschen wollen
und auch dem Nächsten etwas davon geben,
gemeinsam kommt die Kreativität ins Rollen.

Am Ende steht man vor dem Herrn
und zeigt ihm seinen Edelstein,
was man daraus gemacht hat, das möchte er hör'n,
und ob es sich gelohnt hat, **dein gewes'nes Sein.**

Das Lebenswägelchen

Ein Mensch kommt auf unsre schöne Welt,
Gott setzt ihn in ein Wägelchen, das „Leben" heißt.
Es wird vom Herrn wie auf ein Gleis gestellt
Und von den Eltern mit „Bewegungsenergie" gespeist.

Die Eltern ziehn das „Wägelchen" bergauf,
der Berg, der heißt „die Zeit".
Wird es mal schwer, sagt unser Herr: „Gebt nicht auf,
wichtig ist, ihr zieht zu zweit."

Der Weg ist mühsam und kostet viel Kraft,
die Eltern ziehn, bis erwachsen ist das Kind.
Hat man diese Weiche, die im Gleise ist, geschafft,
fährt das „Kind" alleine weiter, bis es einen Partner find'.

Fahren beide dann synchron,
wird der Herr sie aneinanderbinden,
hinten im Wägelchen sitzt bereits ein Sohn,
nun hilft der Herr auch ihnen, ihren Weg zu finden.

Hat man den Gipfel, als Höhepunkt des Lebens,
dann erreicht,
kann man getrost zurück sich lehnen,
jetzt gibt es Rente, das Wägelchen, es rollt nun leicht.
Der Lebensinhalt sind nun die Enkel
und es bleibt ein Sehnen.

Das Wägelchen, es rollt nun wie von selbst bergab,
man vermeidet alles, was die Fahrt verkürzt,
und hofft, ganz sanft zu rollen bis ins Grab,
bitte, Herr, verhindere, dass unser Wägelchen gar stürzt.

Das Leben mit Musik

Man sagt sehr oft: „Musik liegt in der Luft",
man kann sie förmlich spüren,
so wie den vielbesung'nen „Frühlingsduft",
doch den kann nur der Herr kreieren.

Musik liegt in der Luft,
da hat der Mensch die Hand im Spiel,
er überbrückt damit die Kluft
der vielen Sprachen, das ist sein Ziel.

Musik liegt in der Luft,
was wär das Leben ohne sie ?
Wie eine Blume ohne Duft,
das wär wie Schizophrenie.

Drum lasst uns die Musik genießen,
solang wir das noch können,
deshalb sei die Musik gepriesen,
damit wir unsern Seelenmüll verbrennen.

Ein jeder nimmt sein Instrument,
und ist es noch so klein,
wie leicht verkennt man das Talent,
doch nicht jeder kann ein Mozart sein.

Frühling

Es war Frühling,
          doch ich sah nur sie.
Um uns Sonne.

Das Haar mit Strahlenglanz umgeben,
          oh, welche Wonne!

Der Frühling drang mir tief ins Herz
und tötete den Weltenschmerz
          mit der Sonne.

Aug in Auge stehn wir da,
          oh Gott.
Du hast den Frühling mir gebracht,
          das Mädchen und die Sonne.

Die Herzen im Gleichklang der Gefühle und Frequenzen,
          oh welche Wonne!

Nur Sehnsucht durchdringt noch mein Gemüt,
          und sie steht vor mir,
welch ein Frühling!

Natur und Liebe erblühn,
          die Blumen, die Sonne und ihr Mund.
               Oh Gott!

Endlich, endlich die Erfüllung
    und der Sehnsucht Schluss,
        ein Kuss.
           Frühling.

Herbstnebel

Die Wiese dampft,
es ist schon kühl am Morgen.

Es wird still in unsrer Welt,
die Amsel hat ihr Singen eingestellt.

Die Blätter werden gelb und rot,
die bunten Blumen sind schon tot.

Bald schließt sich der Zeiten Kreis
und die Natur ist wieder weiß.

So verläuft das ganze Leben,
und wir müssen es an Gott zurück nun geben.

Doch dieses Ende ist nur scheinbar so,
denn alles beginnt von vorn,
und das macht uns wieder froh.

Die Schöpfung

Also lautet **sein** Beschluss,
dass ein Mensch es werden muss.

Nicht allein nur Blumen, Pflanzen, Bäume
sind der Inhalt seiner Träume.
Nicht allein nur Tiere, groß und klein,
sollen auf der Erde sein.
Sondern der Schöpfung Krone
sollen Menschen sein, einmal mit und einmal ohne!

Dass dies mit Verstand geschah,
dazu war der Schöpfer da!

Doch der Teufel und sein Helfer,
dünken sich schlauer als **er** selber.

Gott mit seiner Schöpferkraft
gibt nicht auf den Teufel acht,
und so kommt, was kommen muss,
der Teufel macht Verdruss!

Ob Mann, ob Frau, ob Ärzte oder Lehrer,
alle war'n von Alkohol und Tobak ein Verehrer.
Was man ohne alle Frage nach des Tages Müh und Plage
jeder Frau und jedem Mann ab und zu auch gönnen kann.

Einstens, als hienieden
die Sonne schien und überall war Frieden,

schlich sich der Teufel mit seinen bösen Buben
zwischen die Menschen in ihre Stuben,
wo der Menschen Wiege stand.
Der Teufel hielt sie in seiner Hand.
Und voll Hinterlist und Tücke,
reißt er die Seele schon in Stücke.
Der einst so gute Mensch sodann,
der wurde bös und ein Tyrann!

Der Teufel, gehässig und froh ob seines bösen Werkes,
versteckt sich schnell im Schatten des letzten Berges.

Des Abends lenken alle ihre Schritte
nach der heimatlichen Hütte.
Und voll Dankbarkeit im Herzen
beginnen sie zu scherzen.

Jeder spricht: Die größte Freud
ist doch die Zufriedenheit!

Rums, da geht der Krieg schon los,
mit Getöse schrecklich groß.
Bomben, Schüsse und Granaten,
abgefeuert und wieder laden.
Ein schreckliches Gemetzel fand
überall dort statt, wo man gerade stand.

Als der Pulverdampf sich dann erhob,
sieht man Menschen, die, gottlob,
zum Teil noch leben, aber in zerstörten Städten,
und doch gern den Frieden hätten.

Gott hat nun alle Hände voll zu tun
und keine Zeit, sich auszuruhn.

Er muss um die ganze Erde eilen,
um die Menschenseelen auszuheilen!

Darum beten wir gemeinsam
und keiner ist dabei einsam:

Bitte, Herr, gib uns die Kraft,
die Frieden für die Menschen schafft
und alle Menschen dieser Welt
vereint unter **einem** Himmelszelt!

Gummersbach Rospe
Kirchfeldstraße

Die S-Bahn kommt von Köln zwar nicht mit Getöse,
aber man hört Tag und Nacht die Schienenstöße.

Zweimal pro Stunde, erst halb, dann um,
hört man das Bum-Bum, Bum-Bum.

Wenn ich nicht mehr schlafen kann,
weder drin noch draußen,
zieht es mich nach Lieberhausen.

Im Hotel Reinhold klopf ich an
und frag, ob ich ein Weilchen bleiben kann.

Freundlich wird mir aufgetan,
man bietet mir ein Zimmer an.

Müde fall ich dann ins Bette,
etwas Schlaf ich gerne hätte.

Doch den find ich nicht, das ist doch dumm,
ständig fehlt mir das Bum-Bum, Bum-Bum.

So geht mir's wie dem vergrämten Ehemann,
der des Nachts vor Kummer nicht mehr schlafen kann.
Jedoch die S-Bahn ist es hier,
ich kann nicht schlafen mit und auch nicht ohne ihr.

Landgasthof Reinhold Lieberhausen

Lieberhausen!!
Ein Blatt in der Geschichte, ein Blättchen,
zwei Zeilen vielleicht, unter denen mein Schicksal
begraben liegt!

Das waren Worte von Friedrich dem Großen
in der Geschichte unserer Welten,
die für mich in Lieberhausen auch heute noch gelten.

Und ist die eigene Wohnung noch so schön,
willst du dich erholen, musst du zu Reinholds gehen.

Dort kannst du schlafen, essen und auch trinken,
dann wird dir die Erholung winken.

Der Stress des Alltags rückt in weite Ferne,
und das haben alle Menschen gerne.

Natürlich gibt es unzählig viele Stätten, wo man essen,
trinken und auch schlafen kann für Geld,
aber den Landgasthof Reinhold
gibt's nur einmal auf der Welt.

Ob Chef, Chefin oder Team,
da gibt es keinen Unterschied,
sie alle am gleichen Strange ziehn.

Und das kommt jedem Gast zugute,
ob nun von Uwe, Tina, Gina oder Ute.

Auch alle anderen, die jetzt hier namentlich
nicht genannt,
sind vom gleichen Wesen, fleißig, nicht nur freundlich,
sondern lieb,
so dass jeder Gast, ob fremd, neu oder bekannt,
statt abzureisen lieber noch viel länger blieb!!

Zum Gedenken

Anita Schwartz, geb. Klemm
geb. 25.04.1947; gest. 03.01.2019

Anita, „Nitl" genannt,
war nicht nur in Quohren bekannt.

Sie war das erste Kind ihrer Eltern
Werner Klemm und Elly, geb. Zilcher,
das süße kleine Mädchen von dem Hof,
wo kam die Milch her.

Schnell wuchs sie heran und lernte fleißig vieles,
bald waren sie zu dritt im Haus,
es kamen Beate und die Ines.

Das „Dreimädelhaus" wurden sie genannt,
in der Stadt bei den Freunden,
genau wie zuhause auf dem Land.

Viel zu schnell verging die Zeit,
aus „Nitl" wurde Anita und hat auch bald gefreit.

Manfred war der Auserwählte,
der schon immer zu den Besten zählte.

Beide zeigten Cleverness und Mut in ihrem Leben,
sie wollten nicht nur „nehmen",
sondern vor allem „geben".

Sohn Thomas wurde bald geboren
und ist der Stolz auf dem Hof in Quohren.

Beider Kreativität und Schaffenskraft
bald neue Dimensionen schafft.

Ein Elektrounternehmen erstand aus dem „Nichts"
trotz sozialistischer Querelen,
entwickelte sich und beschäftigt viele Seelen.

Doch leider konnte sich das Glück nicht halten,
der Tod kam viel zu früh und musste
seines Amtes walten.

Anita wurde mitten aus dem Leben gerissen,
und wir alle werden sie sehr vermissen.

Da kann man nicht mal fragen: Warum?
Eines Tages ist das Leben einfach um.

Nur verstehen, verstehen kann man es nicht,
der Tod hat leider kein Gesicht.

Sonst würde ich ihm sagen,
dass seine Handlungen uns Menschen plagen.

Aber ändern können wir es leider nicht,
immer und immer wieder nimmt der Tod
uns in die Pflicht.

Anita hat die viel zu lange Reise angetreten
zu ihren Eltern, und wir können nur noch für sie beten:

Herr, bitte gib ihr Deinen Segen bei dem Empfang
und führe sie zu ihren Eltern
den himmlischen Gang entlang.

Behüte sie in Deinem und in unserem Namen,
in Ewigkeit,

amen!

Winter

Als ich noch Kind war, da hatten wir richtig Winter,
das war was für uns Kinder!

Überall lag immer Schnee
und zugefroren war jeder See.

Skifahren und Rodeln war ein Sport,
den man ausführen konnte an jedem Ort.

Nach der Schule Hausaufgaben schnell gemacht,
weil draußen schon der Schnee und die Sonne lacht.

Für die Kinder war er immer eine Freude,
es gab natürlich auch noch andere Leute.

Aber jedem Menschen recht getan,
ist eine Kunst, die auch Gott nicht kann.

Aber was ist heute?
Da gibt es nur noch unzufriedene Leute!

Ob klein, ob groß,
es ist für niemand etwas los!

Zu wenig oder zu viel, zu trocken oder zu nass,
das macht niemandem mehr Spaß.

Mit diesen Dingen,
lieber Gott, kannst Du uns doch keine Freude bringen.

Deshalb bitten wir Dich von Herzen,
höre auf mit diesen Scherzen.

Mach das Wetter wieder, wie es früher war,
damit sich die Menschen freuen können, Jahr für Jahr.

Der Kuchen des Lebens

Wenn wir geboren werden, erhalten wir einen Kuchen,
genannt das Leben.
Dieser Kuchen wurde uns von Gott gegeben.

Wir wissen nicht, wie groß und lang er ist und auch nicht,
wie er schmeckt.
Er kann süß sein oder nicht, man muss ihn **essen**,
es genügt nicht, wenn man nur dran leckt.

Niemand sagt mir: Iss ein Stück oder lass es sein,
jeder muss es selbst entscheiden,
ob er nun groß ist oder klein.

Ich kann ihn alleine essen oder teilen,
hastig essen oder dabei verweilen.

Aber ich sollte immer daran denken:
Ich kann ihn auch einem lieben Menschen schenken.

Ich darf ihn aber nicht vertrocknen lassen
oder gar verderben,
denn das bedeutet, ich müsste sterben.

Also genießt den Kuchen, solange er noch gut schmeckt,
auch wenn manchmal etwas Bitteres drin steckt.

Und bitte, etwas ganz Wichtiges bedenkt,
dankt täglich dem, der ihn euch geschenkt!!

Wo ist Gott?

„Ich bin dir näher, als du glaubst!
         Gott

Dieser Spruch ist leider nicht von mir,
sondern von der Kirche Gummersbach.
Dort prangt er an einem Baugerüst,
vor dem Kirchturmdach.

Doch er ist derartig wahr,
dass man daran denken sollte tagein,
tagaus, Jahr für Jahr.

Der Satz spricht mir aus dem Herzen,
und da ist kein Raum zum Scherzen.

Ich weiß es und du weißt oder fühlst es auch,
und das Gefühl kommt nicht nur aus dem Bauch!

Manch einer, der es zwar nicht weiß, aber deutlich fühlt,
ist darob innerlich sehr aufgewühlt.

Ich fühle mit ihm, denn es gab eine Zeit,
da war auch ich noch nicht so weit.

Ich habe, zwar unwissentlich, seine Güte ausgenützt,
habe ihn verleugnet und er hat mich trotzdem beschützt.

Ohne Gott gäbe es kein Leben,
und ich bitte ihn täglich, mir zu vergeben.

Er ist nicht sichtbar, aber er ist um uns und in uns,
und ihr fragt: Wie?

Gott ist und gibt uns Energie!!

Das Bett

Jeder Mensch braucht ein Bett,
ach, wenn ich doch nur auch eins hätt.

So denkt der arme Obdachlose
und schlüpft in seine Nachtschlafhose.

Unter einer Brücke irgendwo
legt er sich hin, auch ohne Klo.

Er versucht zu schlafen,
irgendwo hört man den Lärm vom Hafen.

Die Müdigkeit hat ihn endlich übermannt
und er träumt von einer Sache, die ihm unbekannt.

Er sieht Engel, die ihn umschwärmen,
um seinen Körper zu erwärmen.

Etwas spricht zu ihm in seinem Traum,
es ist tatsächlich Gott, er glaubt es kaum!

Davon wird er wach
und denkt darüber nach.

Er schaut sich ängstlich um und ist ganz betreten,
er faltet seine Hände und fängt an zu beten.

Herr, bitte hilf mir und gib mir Kraft
in Deinem Namen,

amen!

Gefährlich ist's,
den Leu zu wecken ...

... jedoch der schrecklichste der Schrecken
sind die Behörden, die dich ins Gefängnis stecken.

Eine leider reale Posse der Behörden

Also, es gibt Geschichten, die dürfte es eigentlich gar nicht geben, aber sie gibt es doch, und man weiß einfach nicht, was man dazu sagen soll.

Man könnte es eine Posse nennen, wenn es nicht so traurig und dramatisch wäre.

Die folgende Geschichte hat sich tatsächlich so zugetragen und ich versuche so wahrheitsgetreu wie möglich die Ereignisse zu schildern.

Ein Berg von amtlichen Schreiben und Zeitungsberichten belegen diese Ereignisse.

Wie alles begann

Wir schreiben das Jahr 1997. Ilka Brückner, die Tochter meines Bruders Walter Hanitzsch, also meine Nichte, Friseurmeisterin in Suhl, selbständig mit eigenem Salon, sitzt am 31. August morgens zu Hause am Frühstückstisch und bereitet sich auf den Tag vor. Das Radio bietet die gewohnte Musik, unterbrochen durch diverse

Nachrichten und Meldungen. Ilka schenkt sich noch eine Tasse Kaffee ein und beißt genüsslich in ein Marmeladenbrötchen. In Gedanken ordnet sie den beginnenden Tag und freut sich auf ihre Arbeit.

Sie ist schon immer sehr engagiert bei gesellschaftlichen Problemen und versucht zu helfen, wo sie helfen kann. Die Musik im Radio verklingt und ein Nachrichtensprecher meldet sich. Ilka stellt die Lautstärke etwas höher, um noch schnell die Nachrichten zu hören, bevor sie aus dem Haus geht. Plötzlich hält sie die Luft an. Um noch besser hören zu können, dreht sie die Lautstärke noch eine Stufe höher. Sie will nicht glauben, was sie da hört. Der Sprecher verkündet mit hörbarer Trauer in der Stimme, dass die englische Prinzessin Diana in der vergangenen Nacht in Frankreich einen Verkehrsunfall mit tödlichem Ausgang hatte. Die beliebte Prinzessin der Herzen! Das konnte doch nicht wahr sein!! Aber es war so. Ilka Brückner konnte die Tränen nicht zurückhalten und war fassungslos. Das Frühstück war mit einem Schlag beendet und sie brauchte eine geraume Zeit, um sich zu sammeln.

In den darauffolgenden Wochen gab es in ihrem Salon kein anderes Thema während der Arbeit. Jeder empfand diesen Verlust fast persönlich und jeder trauerte auf seine Weise. Ilka Brückner, selbst sehr stark sozial engagiert, schätzte an der verstorbenen Prinzessin vor allem ihren ständigen Einsatz, um hilfebedürftigen Menschen zu helfen und das Leben zu erleichtern. Da kam der 51-jährigen Friseurmeisterin aus Suhl eine Idee. Sie sagte sich: Alles Jammern bringt uns nichts. Die beste Möglichkeit, die verstorbene Prinzessin zu ehren, ist, ihr nachzueifern und ebenfalls Gutes zu tun. Bereits in der Vergangenheit hatte sie schon immer einen Spendentopf im Salon stehen und die Kunden um eine Spende für die Krebsklinik für Kinder in Jena gebeten. Das wurde auch gut angenommen, aber der Erfolg hielt sich in Grenzen. Trotzdem hatte sie schon sehr lange eine gute Verbindung zu dieser Klinik mit Chefarzt Professor Dr. Felix Zintl. So richtig zufrieden war sie mit den Spendenergebnissen allerdings nicht. Der Tod der von ihr sehr verehrten Prinzessin Diana veranlasste sie, ihr Engagement zu überdenken und neue Wege zu gehen, um das Spendenergebnis für die Kinderkrebsklinik Jena zu verbessern. Da kam ihr ein Zufall zu Hilfe.

Schon seit geraumer Zeit gab es immer wieder Gespräche im Salon über die Vorteile des Schneidens der Haare bei Vollmond. Es wurde diskutiert, Vermutungen und Meinungen aller Art wurden geäußert. Immer wieder wurde die Meinung zum Ausdruck gebracht, dass sich bei Vollmond gesundheitsschädliche Botenstoffe des Körpers besonders in den Spitzen der Haare konzentrieren und durch das Abschneiden der Haarspitzen während dieser Zeit entfernt werden können. Ob das wissenschaftlich nachweisbar ist oder ob es sich dabei um eine Art „Placeboeffekt" handelt, kann ich nicht sagen, fest steht aber, dass es auf keinen Fall in irgendeiner Form schädlich ist, und auch Placeboeffekte können nachgewiesenermaßen heilende Wirkungen auslösen. Wichtig ist doch, dass sich der Mensch nach einer solchen Maßnahme wohl fühlt und zufrieden ist. Wenn er dann auch noch bereit ist, dafür Geld für einen guten Zweck zu spenden, haben wir damit doch doppelten Erfolg erreicht.

Diese Kundinnen und Kunden trugen immer wieder den Wunsch des Haareschneidens während der Zeit des Vollmonds an Ilka Brückner vor. Dieser Gedanke setzte sich in Ilkas Kopf fest und manifestierte sich im Laufe der Zeit zu dem festen Willen, mit dieser Maßnahme das Spendenaufkommen für die Krebsklinik Jena zu erhöhen.

Zunächst hatte sie die Absicht, ihren Salon ganz normal in den späten Abendstunden bei Vollmond zu öffnen und die Wunschfrisuren durchzuführen. Die Einnahmen für diese Leistungen sollten jedoch zu hundert Prozent an die Kinderkrebsklinik Jena überwiesen werden.

Mit dieser Begründung beantragte sie zunächst bei dem Rat der Stadt Suhl am 06.01.1998 eine „Genehmigung zur Verlängerung der gesetzlichen Ladenöffnungszeit". Dieser Antrag wurde aus Zuständigkeitsgründen von Behörde zu Behörde weitergereicht und am Ende vom Ministerium für Soziales am 10.02.1998 wegen dem **Nichtvorliegen** einer **Dringlichkeit** abgelehnt.

Daraufhin reichte sie den Antrag einschließlich einer Beschwerde an den „Deutschen Bundestag" ein. Von da erhielt sie am 10.03.1998 den Bescheid, dass die Beschwerde an den Petitionsausschuss des Thüringer Landtags Erfurt weitergeleitet wurde. Auch der seinerzeitigen Bundestagspräsidentin Frau Prof. Dr. Rita Süssmuth hat Ilka Brückner ihr Anliegen vorgetragen.

Alle Anträge und Eingaben wurden mehrfach weitergeleitet und am Ende abgelehnt.

Jetzt war guter Rat teuer! Es gab nur zwei Möglichkeiten: entweder das Vorhaben aufgeben oder auf andere Art und Weise durchführen. Die Idee, die Vollmondfrisuren trotzdem durchzuführen, erschien ihr als grandiose rettende Idee. Sie sagte sich: Ich darf zwar mein Geschäft nicht offiziell öffnen, aber wer will mir denn verbieten, in meinem eigenen Salon nach der Ladenöffnungszeit private Treffen durchzuführen? Sie hatte schon gute Beispiele und Vorlagen. Zum Beispiel hatte sie in einer Suhler Zeitung am 21.10.1997 gelesen, dass ein anderer Suhler Salon länger geöffnet und alkoholische Getränke ausgeschenkt hatte. Da sagte sie sich: Dann mach ich das ähnlich.

Gesagt, getan! Sie lud die interessierten Kunden privat in ihren Salon ein und nach einer Tasse Kaffee schnitt sie auf Wunsch die Haare **kostenlos**. Sie verlangte nicht einen Pfennig für diese Leistung, stellte aber eine Spendenbüchse für die Krebsklinik Jena bereit. So verliefen diese Abende als private Zusammenkünfte mit viel Unterhaltung und am Ende mit reichlichen Spenden. Nach der ersten Aktion konnte Ilka Brückner mehr als 3000 DM an die Krebsklinik Jena überweisen. Insgesamt sind ca. 10.000 € an Spenden an die Kinderkrebsklinik Jena überwiesen worden.

Diese Aktion fand enormen Beifall und wurde von vielen Seiten aktiv unterstützt. Zum Beispiel fanden mehrere Benefizveranstaltungen zur Unterstützung dieser Aktion statt. So unter anderem am 11.05.1998 im Autohaus „Berliner Brücke" in Halle. Viele bekannte, prominente Persönlichkeiten wie zum Beispiel Ingo Dubinski ließen sich spontan zwecks Unterstützung der Aktion bei Vollmond die Haare schneiden.

Jedes „Mondscheinfrisieren" lief nachweislich als geschlossene Veranstaltung und wurde in den Einladungen entsprechend deklariert!

Bereits zu diesem Zeitpunkt war die Unterstützung dieser Aktion durch die breite Öffentlichkeit enorm. Ja, sogar Witze über die Stadt Suhl wurden in der Zeitung veröffentlicht.

Prof. Dr. med. F. Z. nahm am 20.12.1997 einen Scheck in Höhe von 3000 DM von Ilka Brückner in Empfang und bedankte sich dafür öffentlich.

Von allen Seiten wird das Engagement von Ilka Brückner anerkannt und unterstützt, selbst die Björn-Schultz-Stiftung bedankte sich offiziell bei ihr. Nur die heimatlichen Behörden nicht. Von dort erhielt sie den ersten Bußgeldbescheid. Ilka Brückner hat um Genehmigungen gekämpft und verloren!!

Inzwischen ist das sogenannte „Mondscheinfrisieren" schon in ganz Deutschland bekannt geworden. Wenn dieser Begriff auch nicht ganz zutrifft, es müsste eigentlich richtig heißen: „Vollmondfrisieren", denn frisiert wird auch bei Vollmond mit bedecktem Himmel. Aber im Volksmund ist nun mal der Begriff „Mondscheinfrisieren" bekannt geworden.

Also dieses „Vollmondfrisieren" ist nicht nur in Suhl beliebt geworden, sondern in der Zwischenzeit auch zum Beispiel in Berlin, und dort gibt es keine Verbotshindernisse. Es ist zwar auch Deutschland und hat die gleichen Gesetze, aber wahrscheinlich werden diese dort wirklich zum Wohle der Menschen eingesetzt und variabel angewandt, und so sollte es überall sein. Viele bekannte Persönlichkeiten haben in Berlin an diesen Veranstaltungen zur Kinderkrebshilfe teilgenommen, und das nicht nur wegen der eventuell gesundheitlichen Effekte, sondern in erster Linie zur Unterstützung von Ilka Brückner beziehungsweise deren Aktivitäten zu den Spendenaktionen.

Leider gibt es allerdings selbst bei diesen positiven Aktionen Menschen, die dieses Szenarium negativ belegen. Es gab tatsächlich öffentlich gemachte Meinungen, die behaupteten, Ilka Brückner habe diesen Aufwand um ihre Person nur zwecks Reklame und Werbung durchgeführt. Diese Menschen haben nicht begriffen, dass der Rummel nicht von ihr, sondern von den Behörden inszeniert wurde. Schade!!

Am 17.08.1999 wird ihr von der Staatsanwaltschaft Meiningen bei Nichtbezahlens des Bußgeldes eine Erzwingungshaft von 18 Tagen angedroht und zwei Mitarbeiter von Ilka Brückner werden als „Mittäter" zur Zahlung von je 300 DM Bußgeld verurteilt. Dieses Bußgeld hat Ilka Brückner für ihre Mitarbeiter bezahlt, um ihnen weiteren Ärger zu ersparen.

Am 18.09.2000 wird Ilka Brückner tatsächlich in der Früh in ihrem Geschäft verhaftet und so, wie sie ist, in die Haftanstalt Gera verbracht. Normalerweise wird in solchen Fällen der Delinquent mit einem Termin zum Haftantritt aufgefordert und einbestellt. Nur wenn er dort nicht erscheint, wird er zwangsvorgeführt. Aber nein, das Verbrechen dieser Frau Brückner ist so schwer, dass man es nicht darauf ankommen lassen kann. Sie wird am Arbeitsplatz unvorbereitet verhaftet und in die Haftanstalt verbracht. Die Kundin, die eben bedient wurde, blieb mit nassem Haar sitzen und der Laden blieb offen. Wo bleibt da die Verhältnismäßigkeit? Ein absoluter Skandal!

Ihr Sohn Kay, der auch in ihrem Salon als Friseur arbeitet, hat dann nach seinem Dienstantritt die Kundin fertig bedient und den Betrieb weitergeführt.

In der Bevölkerung kam es zu tumultartigen Aufregungen bei Bekanntwerden von dem Strafmaß für „Missbrauch Minderjähriger" und dem „Vergehen gegen das Ladenschlussgesetz".

Den Beamten, die Frau Brückner abgeholt hatten, war der Vorfall sichtlich unangenehm und sie entschuldigten sich mit den Worten:

„Es ist uns wirklich sehr unangenehm, Frau Brückner. Wir kennen Ihre Geschichte und können es nicht begreifen. Aber wir tun nur unsere Pflicht."

Die Fahrt nach Gera verlief mit Gesprächen, welche die beiden Beamten sympathisch machten und der Frau Brückner den Schock der Verhaftung etwas milderten.

In der JVA Gera angekommen, wurde Frau Brückner zunächst in der „Rezeption" angemeldet. Dort musste sie alles abgeben, was sie bei sich führte, und fühlte sich dabei das erste Mal so richtig erniedrigt. Von hier ging es zunächst in die Kleiderkammer. Sie erhielt einen uralten Trainingsanzug aus DDR-Zeiten und musste ihre eigene Kleidung abgeben, was ihr Wohlbefinden noch erheblich beeinträchtigte.

Von hier aus ging es in Begleitung eine JVA-Beamtin über einige Gänge und durch mehrere verschlossene Türen zu der Zelle Nr. ... Die Beamtin öffnete die Tür und schob Frau Brückner wortlos hinein. Die Tür wurde hinter ihr verschlossen und Frau Brückner stand das erste Mal in ihrem Leben in einer Gefängniszelle. In der Zelle befanden sich zwei Doppelstockbetten, wovon zwei Betten belegt waren. Also die Zelle war mit zwei jungen Frauen belegt.

Die beiden Insassinnen und Frau Brückner schauten sich ungläubig an. Die Starre löste sich schnell und eine der beiden fragte: „Wer bist 'n du? Warum bist 'n hier?"

Nachdem dann die Namen ausgetauscht wurden, kamen die ersten Gespräche zustande und man versuchte sich etwas näher zu kommen. Also, eines der Mädchen war sechzehn Jahre alt und das andere neunzehn.

Ilka Brückner fragte das sechzehnjährige Mädchen: „Weshalb bist du hier?"

Sie antwortete gelangweilt: „Räuberische Erpressung."

Also da musste Ilka erst mal schlucken und hat sich ein paar Details erklären lassen. Das hatte sie ja noch gar nicht gehört.

Das neunzehnjährige Mädchen hatte einen Koffer mit vier Kilogramm Heroin von Istanbul nach Berlin geschmuggelt. Der Inhalt war ihr aber angeblich nicht bekannt gewesen. Sie war türkischer Abstammung, aber in Berlin geboren. Wurde von ihren Eltern in der Türkei zwangsverheiratet und wollte unbedingt und unter allen Umständen nach Deutschland zurück. Die Bedingung war der Transport dieses Koffers. Dafür bekam sie 10.000 DM und wurde dabei erwischt.

Dann stellte sich Ilka Brückner: „Ich habe für krebskranke Kinder außerhalb meiner Arbeitszeit Haare geschnitten und deshalb bin ich hier."

Die Sprachlosigkeit der beiden Mädchen war wörtlich zu nehmen.

Nachdem die Vorstellungsmodalitäten abgearbeitet waren, sah sich Ilka erst mal in ihrer neuen Bleibe um. Ihr nächster Blick fiel auf die Toilette. Da blieb ihr vor Schauder fast das Herz stehen. Bitte ersparen Sie mir die Schilderung dieses Anblicks. Toilettenbecken und Waschbecken sahen fast gleich aus.

Nachdem sich Ilka vor Ekel geschüttelt hatte, begab sie sich zur Zellentür und donnerte lautstark dagegen. Nach kurzer Zeit meldete sich ein Vollzugsbeamter und fragte erbost: „Was machen Sie denn für einen Lärm? Geht's noch? Was is'n los?"

Ilka: „Ich brauch einen Scheuereimer mit Schrubber, Lappen und Reinigungsmittel, sonst bleib ich nicht länger hier."

Der Beamte bekam fast einen Lachkrampf. So etwas hatte er in seinem ganzen Beamtendasein noch nicht erlebt. Aber er brachte alle gewünschten Reinigungsgeräte. Dann begann Ilka, die gesamte Zelle gründlich zu reinigen. Die anwesenden Mädchen sahen sprachlos zu. Nachdem sie sich von ihrem Schock erholt hatten, packten sie letztlich doch noch mit an und halfen Ilka bei dieser Arbeit.

Nun war diese Zelle wenigstens in einem Zustand, in dem man sich aufhalten konnte, ohne Ekel zu empfinden. Allerdings wurde ihr nun auch bewusst, dass sie ja überhaupt nicht auf diese Inhaftierung vorbereitet war. Sie hatte weder Wasch- noch Zahnputzzeug, kein Handtuch und keine Wäsche zum Wechseln. Es war ein niederschmetterndes Gefühl der Hilflosigkeit. Was nun machen? Das Handy hatte man ihr natürlich mit abgenommen. Das Telefonieren im Vollzug ist verboten. Also donnerte sie wieder gegen die Tür, damit jemand kam. Nachdem sie alle Reinigungsgerätschaften wieder abgegeben hatte, trug sie dem Beamten ihr Problem vor. Sie erhielt die Information, dass sie einen Antrag stellen müsse, um nach draußen zu telefonieren, und das tat sie dann auch. Am nächsten Tag erhielt sie die Genehmigung und konnte so alles, was sie benötigte, bei ihrem Sohn bestellen. Sie musste ja davon ausgehen, dass sie die ausgesprochene Haftstrafe von achtzehn Tagen absitzen musste. Dass dann alles anders kam, konnte sie zu diesem Zeitpunkt noch nicht ahnen. Eine gute Freundin brachte ihr in einem Köfferchen die erforderlichen Sachen, wie Unterwäsche und Waschzeug, in die JVA. Zwischen den Sachen lag ein Bild, das ihre vier Jahre alte Enkelin im Kindergarten gemalt hatte. Darüber stand: „Liebe Omi, ausgerechnet heute, an meinem Geburtstag, musst du ins Gefängnis. Deine Linda

Inzwischen war die Öffentlichkeit und die Medien aufmerksam geworden. Die Medien waren informiert, dass Frau Ilka Brückner ihre Haftstrafe im Frauengefängnis Stollberg absitzt. Als der MDR in Stollberg seine Dreharbeiten begann, erfuhren sie, dass Frau Brückner nicht in Stollberg, sondern in Gera einsitzt. Man muss also davon ausgehen, dass die Medien bewusst getäuscht wurden. Aber diese Täuschung hielt den Tatsachen nicht lange stand.

Bereits am zweiten Abend meldete sich ein Vollzugsbeamter bei Frau Brückner und informierte sie, dass ihre Haftstrafe aufgehoben wurde und sie sofort entlassen wird. Der Justizminister hatte bundesweit Druck bekommen, sodass er die Haftstrafe mit sofortiger Wirkung aufhob.

Der Umstand ihrer Haftaufhebung und Entlassung hatte sich in Windeseile herumgesprochen und alle Medien berichteten darüber. So kam es, dass vor dem Gefängnis schon ein Taxi auf Frau Brückner wartete, als sie das Gefängnis verließ. Dieses Taxi hatte die Bildzeitung bei Bekanntwerden der Entlassung für Frau Brückner bestellt und die Fahrt von Gera nach Suhl bezahlt. Gegen 19.30 Uhr erreichte das Taxi den Salon von Frau Brückner in Suhl. Dort wurde sie bereits von ihren Angehörigen und einem Aufnahmeteam des MDR erwartet. Vor ihrer Haustür wurde sie dann von einem Team des RTL erwartet.

An dieser Resonanz kann man schon erkennen, welch großes Interessen an diesem Vorfall in der Öffentlichkeit inzwischen vorhanden war.

Aber das war noch längst nicht alles. Zwei Tage nach ihrer Entlassung erhielt sie von der FDP-Bundestagsfraktion eine Einladung zu einer Aktuellen Stunde im Bundestag, welche wegen dieses Ereignisses durchgeführt werden sollte.

Im Bundestag wurde dieses gesamte Ereignis heftig diskutiert, und einige Abgeordnete ließen sich in der Pause von Frau Brückner die Haare für eine Spende an die Kinderkrebshilfe schneiden. So kam auch hier noch eine Spende von etwa 2000 DM zusammen.

Auch Alfred Biolek befasste sich in seiner Sendung „Boulevard Bio" gemeinsam mit Frau Dr. Antje Kühnemann mit diesem Ereignis.

Sogar Komponisten und Textdichter, Frank Kadanik und Günter Nöschel, befassten sich mit diesem Thema und es entstand gemeinsam mit den Rennsteigspatzen

„Ilkas Mondscheinsong".

Unter anderem heißt es in dem Text: „Wir sind für gute Dauerwellen, doch nicht für abgeschlossne Zellen." Sehr treffend werden in diesem Text musikalisch diese Ereignisse aufs Korn genommen. Dieser Song wurde auf CD gebrannt und in den Handel gebracht. Auch dieser Erlös geht zu hundert Prozent in die Kinderkrebshilfe.

Auf Grund des Ausmaßes der Folgeerscheinungen ist es still geworden um das Frisieren bei Vollmond und um Frau Brückner, aber frisiert wird immer noch zu Gunsten der Kinderkrebsklinik und anderer Einrichtungen.

2004 ist dann das Ladenschlussgesetz für Friseure abgeschafft worden. Sicherlich hat das vorliegende Ereignis maßgeblich dazu beigetragen.

Das „Mondscheinfrisieren" wird immer noch alle drei bis vier Monate durchgeführt und unterstützt unter anderem die Station für schwerstkranke Kinder im Elisabeth-Krankenhaus in Essen. Bisher wurden dafür etwa 24.000 € gespendet.

Aus Dankbarkeit trägt ein Zimmer dieser Station den Namen

„Ilkas Hair Concept".